Analyse de l'œuvre

Par Baptiste Frankinet
et Laurence Roger

La Leçon

d'Eugène Ionesco

Rendez-vous sur lepetitlitteraire.fr et découvrez :

Plus de 1200 analyses
Claires et synthétiques
Téléchargeables en 30 secondes
À imprimer chez soi

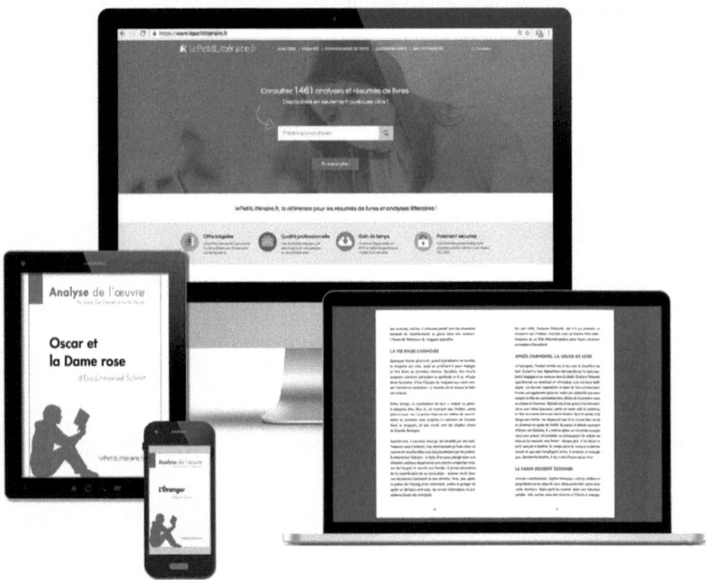

EUGÈNE IONESCO

DRAMATURGE ET ESSAYISTE FRANÇAIS

- **Né en 1909 à Slatina (Roumanie)**
- **Mort en 1994 à Paris**
- **Quelques-unes de ses œuvres :**
    - *La Cantatrice chauve* (1950), pièce de théâtre
    - *Rhinocéros* (1959), pièce de théâtre
    - *Le roi se meurt* (1962), pièce de théâtre

Né d'un père roumain et d'une mère française, Eugène Ionesco arrive en France un an après sa naissance et sera naturalisé français en 1951. Son œuvre théâtrale (*La Cantatrice chauve* ; *La Leçon*, 1951 ; *Les Chaises*, 1952, etc.) a marqué la littérature : il est aujourd'hui l'un des dramaturges français les plus joués dans le monde. Soucieux d'être compris, il a laissé beaucoup de commentaires sur son œuvre (*Notes et contre-notes*, 1962 ; *Journal en miettes*, 1967, etc.). Il a été élu à l'Académie française en 1970.

Ionesco est le chef de file du théâtre de l'absurde, nouveau genre théâtral qui vient, au lendemain de la Seconde Guerre mondiale (1939-1945), bousculer les règles du théâtre classique.

LA LEÇON

LA LEÇON ABSURDE D'UN PROFESSEUR À SON ÉLÈVE

- **Genre :** théâtre (tragédie)
- **Édition de référence :** *La Leçon*, Paris, Gallimard, coll. « Folio théâtre », 1994, 131 p.
- **1ʳᵉ édition :** 1951
- **Thématiques :** tentation, meurtre, désir, langage, pouvoir, enseignement

Pièce en un acte, *La Leçon* a été écrite en 1950 et représentée quelques mois plus tard. Ionesco y met en scène un vieux professeur qui reçoit chez lui une jeune étudiante lui demandant des cours particuliers. Au fur et à mesure de la pièce, la leçon se complique, et la communication ne passe plus entre le maitre et l'élève. L'histoire se termine par l'assassinat de la jeune femme par son professeur.

Aujourd'hui, *La Leçon* est l'une des pièces les plus jouées et les plus lues d'Eugène Ionesco. Cette tragédie a la particularité de laisser à chacun la possibilité de l'interpréter à sa façon.

RÉSUMÉ

La pièce ne compte aucun découpage en scènes ou actes. Elle est jouée par trois personnages : le professeur, l'élève et la bonne du professeur.

UNE LEÇON TRÈS PARTICULIÈRE

Une jeune étudiante envisageant de préparer le « concours du doctorat total » pour satisfaire ses parents se rend chez un professeur afin de prendre des leçons particulières.

Tous deux discutent d'abord de banalités, l'occasion pour le professeur de tester les connaissances élémentaires de la jeune fille. Lorsque celle-ci déclare au professeur qu'elle est à « [sa] disposition » (p. 33), elle fait naitre en lui le désir, et l'on s'aperçoit que la relation entre les deux personnages est ambigüe. Le caractère lubrique du professeur est souligné dans les didascalies (par exemple, ses regards sont souvent dits « libidineux ») et apparait aussi dans des répliques curieuses, notamment lorsqu'il explique des opérations mathématiques en les illustrant d'exemples farfelus qui font référence au corps de l'élève : « Si vous aviez eu deux nez, et que je vous en aurais arraché un... Combien vous en resterait-il maintenant ? » (p. 45)

Il enchaine ensuite avec une leçon d'arithmétique. Le cours commence sous forme de questions-réponses. Or la jeune étudiante, qui paraissait brillant au premier abord, révèle peu à peu d'importantes lacunes dans ses connaissances. Ainsi, lorsqu'ils abordent l'addition au degré le plus simple qui existe (1 + 1, 2 + 1, etc.), le professeur semble s'émerveiller – à l'excès – du fait qu'elle maitrise ce niveau élémentaire de savoir. Mais, lorsqu'il envisage la soustraction, il se rend compte qu'elle n'est capable d'aucune réflexion à propos de données simples (il lui est impossible de résoudre 4 - 3 ou de savoir si 3 est plus grand que 4). Paradoxalement, elle parvient à réaliser des calculs extrêmement complexes (p. 52), ayant mémorisé l'ensemble de toutes les multiplications possibles.

UNE DOULEUR PRÉMONITOIRE

Le professeur se montre légèrement exaspéré face à une réussite qui, de toute évidence, ne s'accompagne pas de la réflexion traditionnellement nécessaire à ce genre d'exercice. Succédant à l'arithmétique, la leçon magistrale de philologie amorce la dégradation de la relation entre le professeur et son élève. Emporté par son élan et irrité par les interruptions de la jeune femme, le professeur devient menaçant.

L'élève n'intervient plus que pour se plaindre sans cesse d'un mal de dents. Le professeur appelle la bonne qui, immédiatement, perçoit dans la douleur de l'élève un symptôme, celui de l'issue fatale de la leçon : elle sait en effet que ce n'est pas la première étudiante qui se présente pour un cours particulier. En réalité, c'est déjà la quarantième fois de la journée que son patron agit de la sorte, et ce manège se reproduit quotidiennement. Elle tente d'intervenir, mais est renvoyée à la cuisine.

VERS UN DÉNOUEMENT TRAGIQUE

Hors de lui, le professeur en arrive alors aux injures et aux menaces, et entame une séance d'hypnose qui évolue selon les exigences du verbe et la toute-puissance de son propre désir. Tandis que le professeur tourne autour d'elle, l'élève se voit contrainte de répéter incessamment un seul et même mot, « couteau », annonce funeste du sort qui lui sera réservé.

La jeune femme se plaint du mal qu'elle ressent dans la gorge, les épaules, les seins, les hanches, les cuisses et le ventre. Enfin, l'homme brandit un couteau : il la viole et la tue. Aussitôt le crime commis, le professeur s'affole et appelle sa bonne à l'aide.

Désemparé, il refuse de reconnaitre ses torts. Il se fait toutefois rappeler à l'ordre par la bonne qui, à la manière d'une mère, le sermonne, lassée de son comportement. Le professeur regrette et semble déplorer ses actes, mais une nouvelle élève sonne à la porte, perpétuant un cycle sans fin...

ÉTUDE DES PERSONNAGES

À l'exception de la bonne, prénommée Marie, les deux autres personnages ne sont jamais nommés autrement que par leur fonction sociale, soit « le professeur » et « l'élève ».

Au premier abord, ces personnages dépourvus d'identité et réduits à leur seul statut, peuvent paraitre plats, sans épaisseur. Pourtant les didascalies fournissent au lecteur des informations détaillées mettant en exergue leur évolution au fil de la pièce, ainsi que les relations qu'ils entretiennent les uns avec les autres.

L'ÉLÈVE

La jeune fille, âgée de 18 ans, dégage fraicheur et gaieté. Vêtue d'un « tablier gris, petit col blanc », elle a pour accessoire une « serviette sous le bras » (p. 23). Son apparence ainsi décrite laisse présager qu'elle vient d'une bonne famille, probablement bourgeoise, ce qui est corroboré par son origine sociale (« mes parents sont assez fortunés », p. 31 ; « jeune fille du monde », p. 26). Superficielle, elle semble dépourvue d'aspiration personnelle affirmée, son objectif étant avant tout de satisfaire ses parents en suivant la voie qu'ils lui ont tracée.

Son personnage évolue tout au long de la pièce : volubile, sure d'elle, elle se laisse progressivement déstabiliser puis dépasser par l'attitude et les questions du professeur auxquelles elle ne parvient pas à répondre. Elle se replie alors peu à peu sur elle-même. Elle est comme accablée. Elle tente toutefois de se faire entendre en répétant les mêmes mots en boucle (« J'ai mal aux dents »), de manière quasi obsessionnelle.

Son rôle dans la pièce est d'autant plus significatif qu'il confère une dimension particulière à ses relations : de l'étudiante lisse et polie du début, elle se retrouve rapidement dépassée par la situation, victime de l'ascendant du professeur, peu affirmée et sans réaction ; une soumission qui n'est d'ailleurs pas sans rappeler ses relations avec ses parents qui lui imposent en quelque sorte de passer ce concours (« Mes parents aussi désirent que j'approfondisse mes connaissances. Ils veulent que je me spécialise », p. 30 ; « Mes parents [...] voudraient bien que je passe mon doctorat total », p. 31). Enfin, elle apparait comme un personnage interchangeable ; sans prénom ni nom de famille, inconsistante, elle n'a pas de personnalité marquante et se fond alors dans la quarantaine d'élèves qui l'ont précédée et des élèves qui lui succèderont auprès du professeur.

LE PROFESSEUR

« [P]etit vieux à barbiche blanche », vêtu d'une « longue blouse noire de maître d'école » (p. 25), il est le stéréotype du professeur, autant par son apparence que par son attitude initialement déférente. Son portrait psychologique ne demeure toutefois pas stable, mais évolue considérablement : en effet, de mal à l'aise, timide, à la limite du ridicule (sa voix est « plutôt fluette », p. 24 ; les points de suspension montrent ses nombreuses hésitations lorsqu'il cherche ses mots ; une didascalie indique qu'il bégaie légèrement), il devient ensuite dominateur, puis pervers jusqu'à en devenir meurtrier, avant de se retrouver désemparé comme un petit garçon.

Socialement, il incarne à la fois l'autorité et le savoir. Les questions qu'il pose à la jeune fille sont cependant d'un niveau plus qu'élémentaire, et sa pédagogie singulière : il complimente son élève exagérément, avant d'abuser de son pouvoir, se servant, d'une part de son statut de professeur pour intimider son élève, d'autre part de son statut de patron afin de renvoyer sa bonne. Cette double dialectique du maitre/élève et du patron/domestique souligne ses difficultés relationnelles et son attitude dangereusement instable. En effet, il s'adresse d'abord à l'élève de manière très courtoise (« Je ne suis que votre serviteur », p. 33), la vouvoyant, avant de la tutoyer, puis l'insulte, et finalement la menace (« Pas d'insolence, mignonne, ou gare à toi », p. 76), autant d'étapes qui le mèneront à commettre un meurtre.

Personnage principal de *La Leçon*, souffrant manifestement d'un dédoublement de la personnalité, il incarne à la fois l'absurdité et la folie.

LA BONNE

Marie, la bonne du professeur, est une femme « forte », « âgée de 45 à 50 ans », « rougeaude », qui porte une « coiffe paysanne » (p. 23). Elle apparait ainsi comme une simple domestique sans histoire au service de son patron, et accueille l'élève comme il se doit avant l'arrivée du professeur.

Son profil psychologique n'en est pourtant pas moins

complexe. Elle présente une certaine duplicité, notamment dans ses rapports avec le professeur. D'un point de vue relationnel, elle obéit certes aux ordres de son patron, mais n'hésite pas à quitter son rôle de subalterne pour s'adresser à lui avec franchise, voire à le brusquer. Elle intervient d'elle-même à deux reprises afin de le mettre en garde. Lorsqu'elle s'attarde dans la pièce où se déroule la leçon, elle lui fait un avertissement (« Faites attention, je vous recommande le calme », p. 34) ; « L'arithmétique [...] ça énerve », p. 35), puis perturbe une nouvelle fois la leçon lorsque le professeur aborde la philologie pour lui dire que « la philologie mène au pire » (p. 55), avant de le mettre en garde une dernière fois en évoquant « le symptôme final ! Le grand symptôme ! » (p. 79). Par ailleurs, à la fin, elle n'hésite pas à réprimander son patron en se montrant « sarcastique » et « très dure » (p. 85), avant de le prendre en pitié et de le rassurer.

L'évolution de ce personnage s'avère cyclique dans la mesure où, à la fin, elle redevient la domestique affable et respectueuse qui accueille une nouvelle élève de la même façon qu'elle avait accueilli la précédente, tout en étant consciente des risques encourus.

CLÉS DE LECTURE

SCHÉMA NARRATIF

Situation initiale : c'est le début de l'histoire, le moment où on plante le décor et où on présente les personnages ; la situation est équilibrée, c'est-à-dire qu'elle n'a aucune raison d'évoluer.

- Arrivée de l'étudiante accueillie par la bonne avant le commencement du cours particulier.

Élément perturbateur : c'est un évènement qui vient perturber la situation initiale et qui déclenchera l'histoire proprement dite.

- Ambigüité des propos de l'élève (« Je suis à votre disposition », p. 33) qui font naitre chez le professeur des pulsions libidineuses.

Péripéties : ce sont les évènements provoqués par l'élément perturbateur et qui entrainent la ou les actions entreprises par le héros pour résoudre le problème.

- Montée en puissance de l'agitation et de l'excitation du professeur, initialement mal à l'aise, à mesure qu'il aborde différentes disciplines ; interventions de la bonne qui met en garde son patron par des propos plus ou moins implicites ; enseignement de l'arithmétique puis de la philologie s'accompagnant d'un décuplement de la violence verbale du professeur ; plaintes incessantes de l'élève qui dit avoir mal aux dents ; tension croissante du professeur autour du mot « couteau » qu'il fait répéter à son élève hypnotisée

Dénouement : il met un terme aux péripéties et conduit à la situation finale.

- Viol et meurtre de la jeune fille par son professeur au terme d'une leçon magistrale confuse.

Situation finale : c'est la fin de l'histoire. La situation est à nouveau stable, comme la situation initiale, mais elle a subi des transformations.

- Panique du professeur bientôt rejoint par sa bonne qui évoque l'enterrement d'une quarantaine d'autres élèves, avant l'arrivée d'une nouvelle étudiante.

UNE TRAGÉDIE ?

D'emblée, Ionesco présente sa pièce comme un drame co-mique. Il est vrai qu'il respecte certaines caractéristiques de la tragédie classique : il n'y a qu'une action principale (une leçon donnée par un professeur à son élève) qui se déroule en un seul lieu (chez le professeur) et dans un laps de temps assez court. L'intrigue suit une progression dramatique normale :

- une exposition, durant laquelle le cadre de l'histoire est posé ;
- un nœud qui se crée peu à peu dans la relation qui oppose le professeur et l'élève ;

- un dénouement qui est marqué par le décès de l'élève.

De plus, à l'instar de la tragédie classique, le lecteur/spectateur peut aisément percevoir le destin réservé à l'élève à travers les indices textuels qui apparaissent dans le dialogue. En outre, l'élève utilise plus que fréquemment le registre de la lamentation (« Ah, non ! Zut alors ! J'en ai assez ! Et puis j'ai mal aux dents, j'ai mal aux pieds, j'ai mal à la tête. », p. 80) et, dès qu'elle perd la maitrise sur son interlocuteur, elle utilise un registre angoissé, plein d'hésitations (« Les roses de ma grand-mère sont aussi... jaunes, en français, ça se dit jaune ? », p. 67 ; « Les... comment dit-on « roses » en roumain ? », p. 70 ; « Excusez-moi, monsieur, mais... [...] je ne sais pas la différence. », *ibid.*).

Cependant, plusieurs éléments nous empêchent d'affirmer qu'il s'agit d'une véritable tragédie. De nombreux éléments comiques interviennent pour atténuer la valeur tragique de la pièce :

- le ridicule est omniprésent dans les leçons d'arithmétique et de philologie ;
- l'élève est très éloignée du héros tragique classique ; elle ignore le destin qui lui est réservé et, loin d'agir avec courage face à ce destin, elle semble se résigner et se soumettre totalement au bon vouloir de son professeur ;
- le meurtre montré sur scène ne respecte pas la règle de bienséance qui consiste à ne rien montrer de choquant au public ;
- l'aspect tragique est totalement relativisé par les derniers mots de la pièce. Dès que la bonne nous apprend qu'il s'agit du quarantième meurtre commis et que cela

se déroule tous les jours, le côté dramatique de la scène représentée disparait totalement pour laisser place à l'absurdité. Le dénouement-recommencement ôte tout le tragique de la scène de meurtre pour en faire un non-évènement, un fait dénué de signification.

UN COMIQUE GRINÇANT

Le sous-titre de la pièce, « Drame comique », évoque également le registre comique. Ceci se confirme tout au long de la pièce. De nombreux procédés sont employés afin de conférer à cette tragédie des connotations comiques, voire burlesques. Elles sont, pour la plupart, liées au professeur.

Au personnage ridicule du professeur à la « voix fluette » (p. 24) s'ajoute son attitude initiale : il ne cesse de se confondre en excuses : « Je ne sais comment m'excuser de vous avoir fait attendre... Je finissais justement... n'est-ce pas, de... Je m'excuse... Vous m'excuserez » (p. 27). Son malaise est prégnant. Les points de suspension abondent, qui trahissent peut-être un léger bégaiement. Il se montre hésitant, cherche ses mots.

On remarque également un décalage entre le « concours de doctorat total » préparé par l'étudiante et le niveau des questions, très élémentaires, posées par le professeur. Il l'interroge par exemple sur les saisons, puis lui fait additionner des chiffres. Quant aux soustractions, la jeune fille n'est pas capable de les résoudre. Les propos du professeur sont souvent décalés, voire vides de sens (par exemple quand il dit qu'il aimerait volontiers vivre à Bordeaux, alors qu'il ne connait pas cette ville, p. 27-28). Sa logique et sa pédagogie sont fantasques.

Au début de la pièce, le professeur recourt constamment à l'exagération, un élément fondamental du registre comique. Il s'excuse à maintes reprises et sans raison : « Je ne sais comment m'excuser […]. Je m'excuse… Vous m'excuserez… » (p. 27) ; « Mes excuses. » (*ibid.*) ; « Du courage… mademoiselle… Je m'excuse… de la patience » (p. 28) ; « Je m'excuse, mademoiselle, j'allais vous le dire » (p. 29) ; « Je m'excuse d'être obligé de vous contredire » (p. 39). Il s'émerveille devant le savoir très rudimentaire et lacunaire de son élève ; il lui adresse des compliments exagérés, inadaptés : « Mais oui, mademoiselle, bravo, mais c'est très bien, c'est parfait. Mes félicitations », p. 28) ; « Magnifique ! Vous êtes magnifique ! Vous êtes exquise. Je vous félicite chaleureusement, mademoiselle. […] Pour l'addition, vous êtes magistrale » (p. 39). Il emploie de même très souvent l'hyperbole, par exemple quand il s'inquiète de savoir si son élève n'est pas « épuisée » après lui avoir fait faire des additions (« Dites-moi, seulement, si vous n'êtes pas épuisée, combien font quatre moins trois ? », *ibid.*).

Ses paroles sont souvent inappropriées, voire indécentes, notamment après le meurtre de la jeune fille : « Pas trop chères, tout de même, les couronnes. Elle n'a pas payé sa leçon. » (p. 88) Enfin sont évoqués des éléments qui n'existent pas, comme le « concours du doctorat total » ou le « diplôme supra-total ».

À travers ce personnage, le comique de la pièce en devient absurde.

LA DESTRUCTION DU LANGAGE

Tout comme dans *La Cantatrice chauve*, Ionesco cherche à détruire la fonction de communication de la langue. Il utilise divers moyens pour y parvenir :

- premièrement, il met en scène deux personnages qui discutent sans pour autant s'écouter réellement l'un l'autre : le professeur, par exemple, parle des consonnes « qui changent de nature en liaisons », tandis que l'élève répète qu'elle a mal aux dents, et poursuit sans en tenir compte (« Continuons. », p. 61) Même si le spectateur a l'impression qu'un lien se crée entre eux au départ, chacun reste dans son univers et refuse de s'immiscer dans celui de l'autre. La fonction principale du langage est donc réduite à néant et ne réapparait qu'après le meurtre ;
- ensuite, Ionesco développe à l'excès un langage conventionnel et dépourvu de signification en dehors du contexte dans lequel il opère. Les formules de politesse, par exemple, sont démultipliées. Elles permettent de mesurer qui a l'ascendant sur l'autre. Si, au début de la pièce, c'est le professeur qui utilise un maximum de « Mademoiselle », à la fin, c'est l'élève qui supplie à coup d'innombrables « Monsieur ». Par ailleurs, le professeur utilise de nombreuses injures, peu appropriées au contexte dans lequel se déroule la scène ;
- enfin, les fréquentes répétitions font perdre tout sens à certaines scènes et permettent d'amener l'absurde dans le langage.

Cette absurdité du langage est très présente à travers la leçon de traduction. Le professeur apprend le mot « couteau » dans toutes les langues à son élève, avant de lui faire répéter ce mot dans une seule langue, le français. De plus, il prétend lui enseigner le « néo-espagnol », idiome qui n'existe pas. Cette scène est donc bien représentative de l'absence de signification du dialogue entre l'élève et le professeur. De même, la répétition incessante du mot « couteau » le vide de son sens et le transforme en onomatopée. Les sons [k] et [t] évoquent, comme le suggère Ionesco dans sa didascalie, le tictac mécanique d'une horloge.

LE LANGAGE COMME SYMBOLE DE POUVOIR

Dans *La Leçon*, les deux personnages semblent appartenir à deux mondes différents. L'un, dominateur, violent, s'obstine à enseigner une matière incompréhensible à l'autre, dominée, qui ne désire pas écouter et reste totalement centrée sur sa propre personne. Le professeur, exaspéré par le manque d'emprise qu'il a sur son élève, use du langage comme moyen de possession de l'autre. Sa fonction de professeur lui confère une autorité sur son interlocutrice et, par l'autorité du langage et de son savoir, il parvient à la dominer totalement et finit par tuer son étudiante.

La parole, d'abord régie par des formules de politesse et un comportement aimable, échappe progressivement à toute mesure, jusqu'à rendre réel l'objet meurtrier – le couteau. En effet, ce couteau n'existe pas matériellement ; c'est bien la force représentative du mot qui parvient à **assassiner** la jeune fille.

Enfin, c'est bel et bien le dialogue qui amène le professeur à une sorte de schizophrénie. Une fois le meurtre accompli, il agit comme s'il s'éveillait et qu'un double inconscient avait agi à sa place. Il redevient le personnage timide et impressionnable qu'il était et refuse de croire qu'il a été capable d'un tel acte.

UNE SATIRE DE L'ENSEIGNEMENT

La pièce propose également une caricature de l'enseignement. Ionesco s'amuse à montrer que le langage qui sert de principal vecteur à l'enseignement peut être totalement vide de sens. Par exemple, lorsque le professeur propose d'analyser l'expression proverbiale « tomber dans l'oreille d'un sourd », il dit : « Les sons, Mademoiselle, doivent être saisis au vol par les ailes pour qu'ils ne tombent pas dans les oreilles des sourds. Par conséquent, lorsque vous vous décidez d'articuler, il est recommandé, dans la mesure du possible, de lever très haut le cou et le menton, de vous élever sur la pointe des pieds, tenez, ainsi, vous voyez... » (p. 59) Ainsi, le professeur, contrairement à ce que son métier exigerait de lui, s'en tient à une compréhension au premier degré de l'expression qu'il tente d'expliquer.

Il adopte en outre un ton souvent magistral pour expliquer des choses qu'il cherche à présenter comme logiques et qui, pourtant, sont totalement invraisemblables. Il mentionne, par exemple, un certain camarade qui souffrait d'un défaut de prononciation : « Il ne pouvait pas prononcer la lettre f. Au lieu de f, il disait f. Ainsi, au lieu de fontaine, je ne boirai pas de ton eau, il disait : fontaine, je ne boirai pas de ton eau. »

(p. 63) À la lecture, il n'y a évidemment aucune différence entre ces deux phrases. De même, lorsqu'ils envisagent les différentes traductions du mot « couteau » : « Il suffira que vous prononciez le mot couteau dans toutes les langues » (p. 79), et plus tard, « Ah, si vous y tenez, cou, couteau. C'est du néo-espagnol... », « Si l'on veut, oui, du néo- espagnol, [...] Et puis, qu'est-ce que c'est que cette question inutile ? » (p. 81).

UN DÉNOUEMENT INEXORABLE

Des indices disséminés tout au long de la pièce annoncent le dénouement macabre à venir. Le rythme devient progressivement effréné, les répliques s'échangent sans se répondre dans une sorte de stichomythie, un enchainement d'où les points de suspension que l'on voyait au début de la pièce ont totalement disparu.

Les mises en garde de la bonne, d'abord mystérieuses et implicites (« Faites attention, je vous recommande le calme », p. 34 ; « Vous ne direz pas que je ne vous ai pas averti », p. 35), s'éclairent au fur et à mesure que le professeur prend le dessus sur l'élève, la domine et l'entraine dans le sillage de sa folie.

Les mises en garde du professeur lui-même, en apparence anodines, revêtent une toute autre signification à la lumière de son crime : « Vous apprendrez que l'on peut s'attendre à tout. » (p. 29) Plus loin, il la menace : « Ne me mettez pas en colère ! Je ne répondrais plus de moi. » (p. 72) ; puis, en parlant de ses dents : « Je vais vous les arracher, moi ! » (p. 74). La menace se précise ensuite : « Silence ! Ou je vous fracasse le crâne ! » (*ibid.*) ; « Je vais te les arracher, moi, tes oreilles, comme ça elles ne te feront plus mal, ma mignonne ! » (p. 81)

Le caractère lubrique du professeur est évoqué dès les premières didascalies (« les lueurs lubriques de ses yeux finiront par devenir une flamme dévorante, ininterrompue », p. 26).

Les références aux parties du corps de la jeune fille se multiplient : deux organes des sens, le nez puis l'oreille, sont d'abord évoqués, servant d'illustration à la leçon (« Si vous aviez eu deux nez, et je vous en aurais arraché un... », p. 45 ; puis, faisant allusion à ses oreilles : « Vous en avez deux, j'en prends une, je vous en mange une », *ibid.*).

Certaines répliques font référence de façon plus nette à la mort, par exemple lorsque le professeur dit à l'élève : « Souvenez-vous-en jusqu'à l'heure de votre mort... » (p. 59), ce à quoi elle rétorque innocemment : « Oh ! oui, monsieur, jusqu'à l'heure de ma mort... », cautionnant par là ses propos sans en être réellement consciente.

Enfin, l'apparition du couteau (invisible) qu'il prend dans un tiroir et qu'il brandit laisse présager le pire (« Il brandit le couteau sous les yeux de l'élève », p. 80 ; « le couteau tue... », p. 83). Puis, la violence du verbe incontrôlable devient violence physique : la puissance des mots a su atteindre la chair, et la scène sera rejouée – jusqu'à l'épuisement ?

UNE ŒUVRE REPRÉSENTATIVE

DU THÉÂTRE DE L'ABSURDE

Décalée et burlesque, *La Leçon* met en scène des types humains, ou plutôt des personnages qui paraissent déshumanisés, dépourvus d'identité propre, caricaturés à l'excès, et joue sur les thèmes de la mort et de l'absurdité. Or il s'agit là de thèmes que l'on retrouve souvent dans le théâtre de l'absurde.

Selon le critique Martin Esslin, « le théâtre de l'absurde montre [la condition humaine] simplement dans l'existence, c'est-à-dire que des images concrètes illustrent sur scène l'absurdité de l'existence » (*Encyclopédie de la littérature*, Paris, Le Livre de Poche, 2003, p. 4-5). On peut ajouter ici que le caractère absurde de la pièce réside dans l'incommunicabilité ou plutôt la difficulté de communiquer entre les personnages, dans la mesure où on se retrouve souvent face à un dialogue de sourds. Ceci est significatif dans *La Leçon* dans la mesure où l'élève se plaint de sa douleur physique, par des propos qui tombent dans le vide, comme une litanie du néant.

Par ailleurs, Ionesco, qui « joue sur tous les registres de l'illogisme du langage », « transforme l'homme en une marionnette pontifiante » (*ibid.*), ce qui est le cas du professeur dans *La Leçon*.

Enfin, selon Pascal Riendeau, « les pièces [du théâtre de l'absurde] se rejoignent par leur caractère insolite et mêlent de façon inusitée les éléments tragiques et les situations comiques », des traits que l'on retrouve dans la pièce de Ionesco : même si la fin en est funeste, les propos désopilants et les situations incongrues amènent *La Leçon* à un niveau où l'absurde n'a finalement pour ambition que de confiner le jeu des personnages dans leur condition déshumanisée.

LA RÉCEPTION DE L'ŒUVRE

Considérée ou perçue comme trop avant-gardiste, *La Leçon* de Ionesco n'a pas connu de succès immédiat, tant du point de vue du public que de la critique. Ionesco était alors un auteur inconnu de même que les acteurs et le metteur en scène.

Si la pièce a reçu un accueil mitigé lors de ses deux premières représentations au Théâtre de Poche le 20 février 1951, puis au Théâtre Lancry au printemps 1952, elle a connu son premier succès au théâtre de la Huchette le 7 octobre 1952, lorsque le metteur en scène Jacques Noël a eu l'idée d'asso-cier *La Leçon* à la première pièce de Ionesco, *La Cantatrice chauve*.

C'est véritablement en 1957 que la pièce, toujours jouée à la suite de *La Cantatrice Chauve*, a été couronnée de succès. Les spectateurs comme la critique ont été unanimes, et depuis lors, *La Leçon* est continuellement à l'affiche et a été traduite dans toutes les langues. Elle demeure jusqu'à présent jouée dans le monde entier.

Pour le dramaturge, les registres comique et tragique sont indissociables, voire interchangeables, ce qui explique d'une part la complexité et l'ambigüité de ses pièces, d'autre part la réaction inattendue des spectateurs.

PISTES DE RÉFLEXION

QUELQUES QUESTIONS POUR APPROFONDIR SA RÉFLEXION...

- Relevez les caractéristiques de l'absurde dans cette pièce. Justifiez.
- Décrivez les trois personnages. Imaginez ce qu'ils symbolisent compte tenu du contexte historique et politique de l'époque, la pièce ayant été écrite en 1950.
- Quelle arme utilise le professeur pour assassiner son élève ? Pourquoi selon vous Ionesco affirme-t-il dans une didascalie que cette arme peut être imaginaire ?
- Relevez la présence des différents objets dans *La Leçon*. Quelle forme prennent-ils et quel rôle jouent-ils dans cette pièce ? Pouvez-vous établir un parallèle avec la pièce *Les Chaise* ?
- Expliquez le rôle que joue le langage dans cette pièce et comparez-le au rôle qu'il tient dans d'autres pièces de Ionesco.
- Repérez tout au long de la pièce les indices qui annoncent le dénouement.
- Relevez les éléments comiques de la pièce. À quoi servent-ils ?
- Peut-on affirmer que *La Leçon* est une tragédie ?
- On a soutenu que *La Leçon* était une pièce de métamorphose. Qu'en pensez-vous ? Justifiez votre réponse avec des exemples.
- *La Leçon* est une pièce de l'absurde. Comparez-la à d'autres pièces du même courant comme *La Cantatrice chauve* ou 0 *En attendant Godot* (1952), de Samuel Beckett (écrivain

irlandais, 1906-1989). Mettez en évidence les différences
et les similitudes qui existent entre ces pièces.

Votre avis nous intéresse !
Laissez un commentaire sur le site de votre librairie en ligne
et partagez vos coups de cœur sur les réseaux sociaux !

POUR ALLER PLUS LOIN

ÉDITION DE RÉFÉRENCE

- Ionesco E., *La Leçon*, Paris, Gallimard, coll. « Folio théâtre », 1994.

ÉTUDES DE RÉFÉRENCE

- Esslin M., *Le théâtre de l'absurde*, Paris, Éditions Buchet Chastel, 1992.
- *Encyclopédie de la littérature*, Le Livre de Poche, 2003.
- Ionesco E., *Notes et contre-notes*, Paris, Gallimard, coll. « Folio essais », 1966.
- « L'histoire », in *Théâtre de la Huchette*, consulté le 4 novembre 2011. http://www.theatre-huchette.com/un-peu-dhistoire/spectacle-ionesco/lhistoire/
- Riendeau P., « Absurde (théâtre de l') », in *Le Dictionnaire du littéraire*, Paris, PUF, 2002.

SUR LEPETITLITTÉRAIRE.FR

- Commentaire portant sur l'incipit de *La Cantatrice chauve* d'Eugène Ionesco.
- Commentaire portant sur le dénouement du *Roi se meurt* d'Eugène Ionesco.
- Commentaire portant sur l'incipit de *Rhinocéros* d'Eugène Ionesco.
- Commentaire portant sur le monologue final de Bérenger de *Rhinocéros*.
- Fiche de lecture sur *La Cantatrice chauve*.

- Fiche de lecture sur *Le roi se meurt*.
- Fiche de lecture *sur Rhinocéros*.
- Questionnaire de lecture portant sur *Le roi se meurt*.

ISBN version numérique : 978-2-8062-9099-1
ISBN version papier : 978-2-8062-9100-4
Dépôt légal : D/2016/12603/849

Avec la collaboration de Laurence Roger pour l'étude des personnages (l'élève, le professeur et la bonne), ainsi que pour les chapitres « Schéma narratif », « Un comique grinçant », « Un dénouement inexorable », « Une œuvre représentative de l'absurde » et « La réception de l'œuvre ».

Conception numérique : Primento,
le partenaire numérique des éditeurs.

Ce titre a été réalisé avec le soutien de la Fédération Wallonie-Bruxelles, Service général des Lettres et du Livre.

Retrouvez notre offre complète sur lePetitLittéraire.fr

- des fiches de lectures
- des commentaires littéraires
- des questionnaires de lecture
- des résumés

ANOUILH
- Antigone

AUSTEN
- Orgueil et Préjugés

BALZAC
- Eugénie Grandet
- Le Père Goriot
- Illusions perdues

BARJAVEL
- La Nuit des temps

BEAUMARCHAIS
- Le Mariage de Figaro

BECKETT
- En attendant Godot

BRETON
- Nadja

CAMUS
- La Peste
- Les Justes
- L'Étranger

CARRÈRE
- Limonov

CÉLINE
- Voyage au bout de la nuit

CERVANTÈS
- Don Quichotte de la Manche

CHATEAUBRIAND
- Mémoires d'outre-tombe

CHODERLOS DE LACLOS
- Les Liaisons dangereuses

CHRÉTIEN DE TROYES
- Yvain ou le Chevalier au lion

CHRISTIE
- Dix Petits Nègres

CLAUDEL
- La Petite Fille de Monsieur Linh
- Le Rapport de Brodeck

COELHO
- L'Alchimiste

CONAN DOYLE
- Le Chien des Baskerville

DAI SIJIE
- Balzac et la Petite Tailleuse chinoise

DE GAULLE
- Mémoires de guerre III. Le Salut. 1944 1946

DE VIGAN
- No et moi

DICKER
- La Vérité sur l'affaire Harry Quebert

DIDEROT
- Supplément au Voyage de Bougainville

DUMAS
- Les Trois
  Mousquetaires

ÉNARD
- Parlez-leur
  de batailles,
  de rois et
  d'éléphants

FERRARI
- Le Sermon sur la
  chute de Rome

FLAUBERT
- Madame Bovary

FRANK
- Journal
  d'Anne Frank

FRED VARGAS
- Pars vite et
  reviens tard

GARY
- La Vie devant soi

GAUDÉ
- La Mort du
  roi Tsongor
- Le Soleil des
  Scorta

GAUTIER
- La Morte
  amoureuse
- Le Capitaine
  Fracasse

GAVALDA
- 35 kilos d'espoir

GIDE
- Les
  Faux-Monnayeurs

GIONO
- Le Grand
  Troupeau
- Le Hussard
  sur le toit

GIRAUDOUX
- La guerre de
  Troie
  n'aura pas lieu

GOLDING
- Sa Majesté des
  Mouches

GRIMBERT
- Un secret

HEMINGWAY
- Le Vieil Homme
  et la Mer

HESSEL
- Indignez-vous !

HOMÈRE
- L'Odyssée

HUGO
- Le Dernier Jour
  d'un condamné
- Les Misérables
- Notre-Dame
  de Paris

HUXLEY
- Le Meilleur
  des mondes

IONESCO
- Rhinocéros
- La Cantatrice
  chauve

JARY
- Ubu roi

JENNI
- L'Art français
  de la guerre

JOFFO
- Un sac de billes

KAFKA
- La Métamorphose

KEROUAC
- Sur la route

KESSEL
- Le Lion

LARSSON
- Millenium I. Les
  hommes qui
  n'aimaient pas
  les femmes

LE CLÉZIO
- Mondo

LEVI
- Si c'est un
  homme

LEVY
- Et si c'était vrai…

MAALOUF
- Léon l'Africain

Malraux
- La Condition humaine

Marivaux
- La Double Inconstance
- Le Jeu de l'amour et du hasard

Martinez
- Du domaine des murmures

Maupassant
- Boule de suif
- Le Horla
- Une vie

Mauriac
- Le Nœud de vipères

Mauriac
- Le Sagouin

Mérimée
- Tamango
- Colomba

Merle
- La mort est mon métier

Molière
- Le Misanthrope
- L'Avare
- Le Bourgeois gentilhomme

Montaigne
- Essais

Morpurgo
- Le Roi Arthur

Musset
- Lorenzaccio

Musso
- Que serais-je sans toi ?

Nothomb
- Stupeur et Tremblements

Orwell
- La Ferme des animaux
- 1984

Pagnol
- La Gloire de mon père

Pancol
- Les Yeux jaunes des crocodiles

Pascal
- Pensées

Pennac
- Au bonheur des ogres

Poe
- La Chute de la maison Usher

Proust
- Du côté de chez Swann

Queneau
- Zazie dans le métro

Quignard
- Tous les matins du monde

Rabelais
- Gargantua

Racine
- Andromaque
- Britannicus
- Phèdre

Rousseau
- Confessions

Rostand
- Cyrano de Bergerac

Rowling
- Harry Potter à l'école des sorciers

Saint-Exupéry
- Le Petit Prince
- Vol de nuit

Sartre
- Huis clos
- La Nausée
- Les Mouches

Schlink
- Le Liseur

SCHMITT
- La Part de l'autre
- Oscar et la
  Dame rose

SEPULVEDA
- Le Vieux qui
  lisait des romans
  d'amour

SHAKESPEARE
- Roméo et Juliette

SIMENON
- Le Chien jaune

STEEMAN
- L'Assassin
  habite au 21

STEINBECK
- Des souris et
  des hommes

STENDHAL
- Le Rouge et
  le Noir

STEVENSON
- L'Île au trésor

SÜSKIND
- Le Parfum

TOLSTOÏ
- Anna Karénine

TOURNIER
- Vendredi ou
  la Vie sauvage

TOUSSAINT
- Fuir

UHLMAN
- L'Ami retrouvé

VERNE
- Le Tour
  du monde
  en 80 jours
- Vingt mille
  lieues sous
  les mers
- Voyage au
  centre de
  la terre

VIAN
- L'Écume des jours

VOLTAIRE
- Candide

WELLS
- La Guerre des
  mondes

YOURCENAR
- Mémoires
  d'Hadrien

ZOLA
- Au bonheur
  des dames
- L'Assommoir
- Germinal

ZWEIG
- Le Joueur
  d'échecs

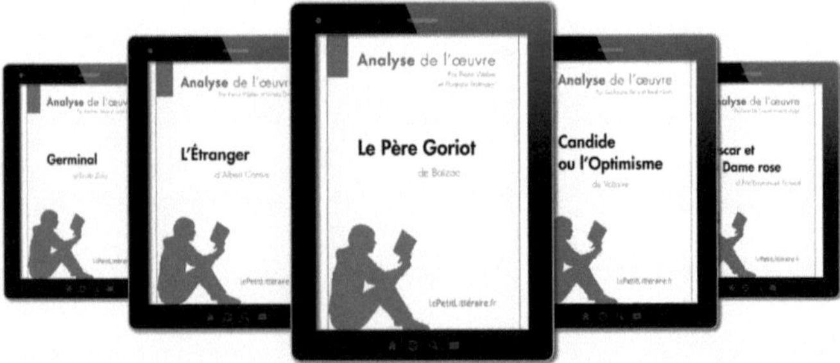